Analyse de l'œuvre

Par Valérie Nigdélian-Fabre
et Pauline Coullet

Ubu roi

d'Alfred Jarry

lePetitLittéraire.fr

Rendez-vous sur lepetitlitteraire.fr et découvrez :

Plus de 1200 analyses
Claires et synthétiques
Téléchargeables en 30 secondes
À imprimer chez soi

ALFRED JARRY

ROMANCIER, POÈTE ET DRAMATURGE FRANÇAIS

- **Né en 1873 à Laval (France)**
- **Décédé en 1907 à Paris**
- **Quelques-unes de ses œuvres :**
    - *Ubu enchaîné* (1900), théâtre
    - *Le Surmâle* (1902), roman
    - *Ubu sur la butte* (1906), théâtre

Le nom d'Alfred Jarry est indissociablement lié à celui du père Ubu, personnage phare d'un vaste cycle théâtral, satirique et grotesque. Toutefois, l'œuvre de Jarry dépasse cette stricte identification.

Né à Laval en 1873, réformé pour « imbécillité précoce » en 1892 (à cause de ses plaisanteries et de son indiscipline face à l'autorité militaire), Jarry fréquente les milieux littéraires et artistiques parisiens dès 1893. Sa vie, comme son œuvre, est tumultueuse et scandaleuse : de romans en critiques, de chroniques en pièces de théâtre, Jarry est le maitre de l'absurde, qu'il pousse à son comble en inventant une science fantaisiste et paradoxale, la « pataphysique » ou « science des solutions imaginaires ». Miné par la misère et l'alcoolisme, il meurt seul à l'âge de 34 ans. Sa postérité est immense, des surréalistes à Boris Vian (écrivain et poète français, 1920-1959), de Raymond Queneau (romancier et dramaturge français, 1903-1976) au théâtre de l'absurde.

UBU ROI

UNE PIÈCE BURLESQUE

- **Genre :** théâtre
- **Édition de référence :** *Ubu roi*, Paris, Gallimard, coll. « Folio classique », 2011, 208 p.
- **1re édition :** 1896
- **Thématiques :** grotesque, pouvoir, parodie, totalitarisme, bêtise, bourgeoisie

Ubu roi est publié pour la première fois en avril 1896 dans la revue *Le Livre d'art* avant d'être jouée le 10 décembre 1896 au théâtre. Cette pièce fait partie du cycle *Ubu*, qui retrace les aventures du père Ubu : après avoir été roi (*Ubu roi*), il devient cocu (*Ubu cocu*, 1898) puis esclave (*Ubu enchaîné*, 1900), etc. Elle a été imaginée quelques années plus tôt, vers 1888, par Jarry et ses amis de lycée. Ces derniers s'étaient en effet amusés à se moquer de leur professeur de physique, M. Hébert, en rédigeant une histoire épique et satirique dont il est le héros. Tour à tour surnommé père Heb, Ébé, Ébance ou Ébouille, le professeur devient, dans ce manuscrit, roi de Pologne. Jarry reprend alors, quelques années plus tard, ce manuscrit et le réécrit pour en tirer sa pièce *Ubu roi*. Les aventures du père Ubu se poursuivent sur plusieurs livres qui susciteront l'indignation et le scandale.

Le père Ubu, homme de confiance du roi Venceslas de Pologne, se fait convaincre par sa femme, la mère Ubu, d'assassiner le roi afin de prendre le pouvoir. Aidé par le capitaine Bordure, celui-ci s'exécute et accède au trône.

Enivré par son nouveau statut, Ubu devient un tyran cruel et cupide : il fait tuer les nobles et accumule les richesses, pendant que le peuple se révolte et que Bougrelas, le fils de Venceslas, prépare son retour sur le trône.

Ubu roi est le symbole de l'absurdité et de l'arbitraire du pouvoir. La postérité du personnage est si grande qu'elle a donné naissance à l'adjectif « ubuesque », qui désigne tout ce « qui ressemble au personnage d'*Ubu roi* par un caractère comiquement cruel et couard » (*Le Petit Robert*), mais aussi tout ce qui est caricatural, ridicule et absurde.

RÉSUMÉ

ACTE I

Le père Ubu, « capitaine de dragons, officier de confiance du roi Venceslas, décoré de l'ordre de l'Aigle rouge de Pologne et ancien roi d'Aragon » (p. 30), décide, sur les conseils de sa femme la mère Ubu, de massacrer la famille du roi et de prendre sa place sur le trône. Il compte pour cela sur l'aide du capitaine Bordure qu'il convie à un festin. Lui promettant de le faire duc de Lithuanie, Ubu lui demande ses services : Bordure promet de l'aider à tuer le roi.

Un messager annonce alors au père Ubu qu'il est appelé par le roi. Par peur d'être démasqué, Ubu se promet de dénoncer la mère Ubu et Bordure si quelqu'un vient à l'accuser. Or aucune menace ne plane sur lui : le roi ne se doute de rien et le fait même comte de Sandomir pour le remercier de ses « nombreux services » (p. 44). Ubu et Bordure s'interrogent sur la façon la plus judicieuse de perpétrer le meurtre du roi. Ils décident qu'ils lui sauteront dessus avec leurs alliés avant de s'occuper du reste de la famille : l'acte se clôt sur un vibrant « Vive le Père Ubu ! » (p. 49)

ACTE II

La reine Rosemonde a fait un horrible cauchemar : elle a vu Ubu frapper le roi et prendre sa couronne. Le roi ne veut pas l'entendre, persuadé que « Monsieur de Ubu est un fort bon gentilhomme, qui se ferait tirer à quatre chevaux pour [s]on service » (p. 51). Il invite même Ubu à l'accompagner lors du passage en revue de ses troupes. Pourtant, dès le signal donné (un « Merdre » retentissant), les partisans de Bordure et d'Ubu se jettent sur le roi. La couronne appartient dès lors à Ubu. Boleslas et Ladislas, les deux fils du roi, sont poursuivis par les forcenés, qui les abattent et pénètrent dans le château où se trouvent la reine Rosemonde et son plus jeune fils, Bougrelas, qui ont assisté à la scène tragique. Protégeant la fuite de sa mère par un escalier dérobé, Bougrelas se défend farouchement, massacrant quelques soldats et « décou[sant] la boudouille [d'Ubu] d'un terrible coup d'épée » (p. 58). Ayant trouvé refuge dans une caverne en pleine montagne, les malheureux conspuent ce « vulgaire Père Ubu, aventurier sorti on ne sait d'où, vile crapule, vagabond honteux » (p. 59). Bouleversée, la reine ne peut survivre à l'ampleur du désastre : elle meurt, laissant le jeune Bougrelas, alors âgé de 14 ans, désespéré. Elle revient sous la forme d'un spectre, accompagnée des fantômes du roi, de Boleslas, de Ladislas et des ancêtres fondateurs de leur lignée et, ensemble, ils confient une grande épée à Bougrelas et lui remettent le soin de leur vengeance.

Au château, la mère Ubu et Bordure suggèrent à Ubu de distribuer or et viande au peuple afin d'éviter toute contestation. D'abord très réticent, Ubu finit par accepter. La distribution de l'or provoque un massacre collectif et Ubu s'exclame : « Quel beau spectacle ! Amenez d'autres caisses d'or ! » (p. 64)

ACTE III

Rejetant violemment les conseils de la mère Ubu qui lui

recommande de s'attacher Bordure et Bougrelas par ses bienfaits (en leur accordant titres ou finances), Ubu va jusqu'à faire enchainer le capitaine qui s'indigne de ne pas être nommé duc de Lithuanie comme Ubu le lui avait promis.

Ubu est à présent aux commandes du pouvoir. Afin de s'approprier leurs biens, il fait arrêter tous les nobles et les fait « décerveler » (scène II) un par un. Puis c'est au tour des magistrats : Ubu rendra désormais seul la justice. Il se débarrasse enfin des financiers : il ira lui-même « de village en village recueillir les impôts » (p. 77) – chose qu'il fait promptement, exigeant des paysans le versement immédiat d'impôts supplémentaires. L'injustice et l'arbitraire sont tels que les paysans prennent les armes. La bataille s'engage et tourne bientôt au désavantage des paysans, qui s'enfuient : « Le Père Ubu reste à ramasser la finance. » (p. 81)

Malgré une étroite surveillance, le capitaine Bordure réussit à s'échapper des geôles : il traverse les steppes pour aller implorer le tsar Alexis d'arrêter Ubu. Son assentiment obtenu, la guerre est déclarée.

Semblable à « une citrouille armée » (p. 88), Ubu part sur une improbable monture. Il confie la régence à la mère Ubu qui en profite pour partir à la recherche du trésor des anciens rois de Pologne.

ACTE IV

Lorsque la mère Ubu découvre ce trésor dans la crypte de la cathédrale de Varsovie, une voix caverneuse sort soudain du tombeau : elle s'enfuit, affolée. Bougrelas et ses partisans arrivent alors et se lancent à sa poursuite.

Pendant ce temps, la bataille s'engage entre l'armée du père Ubu et les troupes russes arrivées sur les lieux. Celles-ci poussent rapidement l'armée d'Ubu à la débandade : Ubu « déchire » Bordure (scène IV) en le transperçant de son épée, et le tue. Ubu s'enfuit et trouve refuge dans une caverne lituanienne, avec deux de ses acolytes. Attaqués par un ours, Ubu se cache et laisse les deux compères tuer la bête en récitant de vagues et fantaisistes prières. Il refuse ensuite de dépecer l'animal malgré la faim qui les tenaille tous. Lorsqu'Ubu s'endort à la chaleur du feu, ses deux compagnons en profitent pour l'abandonner.

ACTE V

Entre alors dans la caverne la mère Ubu, cherchant elle aussi refuge après avoir traversé toute la Pologne, poursuivie par ses assaillants. Profitant de l'obscurité de la grotte, elle se fait passer pour « une apparition surnaturelle » afin de faire « promettre [à Ubu] de [lui] pardonner tous [s]es larcins » (p. 119) – Ubu soupçonne depuis longtemps sa femme de le voler. Peu impressionné, il la démasque bien vite et, furieux, « la déchire » également (p. 129).

Bougrelas et ses soldats retrouvent « les Ubs » (p. 133) et se ruent dans la caverne. La lutte est féroce puisque les partisans du père Ubu arrivent à la rescousse. Ubu et sa femme réussissent à s'échapper et s'enfuient dans la plaine enneigée de Livonie, jusqu'à la mer Baltique qu'ils traversent en bateau pour rejoindre la France. La mère Ubu apprend à son mari que Bougrelas a été couronné. Le texte se clôt sur *La Chanson du décervelage*, chantée en chœur par les personnages sur le bateau, augurant de tristes évènements à venir.

ÉTUDE DES PERSONNAGES

LE PÈRE UBU

Le « [v]éritable portrait de Monsieur Ubu », dessiné de la main même de Jarry, figure dans l'édition originale d'*Ubu roi* (1896) : difficile d'y voir un personnage au sens traditionnel du terme. Silhouette trapue et ventripotente dont la spirale dessinée sur son « énorme gidouille » (acte III, scène VII) confirme la rotondité, Ubu ressemble plus à un pantin qu'à une figure véritablement identifiable, sans visage (l'étrange couvre-chef conique qui le surplombe est enfoncé jusqu'au cou), dépourvu de toute trace d'humanité (sa main est fourrée au fond de sa poche, invisible). Seuls dépassent de la « sphère Ubu » deux pieds ridicules et un bâton (est-ce son sceptre ou un symbole phallique ?) coincé dans la susdite poche.

De fait, Ubu est une « abstraction qui marche » (« Réponses à un questionnaire » dans JARRY A., *Œuvres complètes*, Gallimard, coll. « Pléiade », tome I, 1972, p. 412) et, dans l'antithéâtre de Jarry, un antipersonnage. Impossible d'en dresser un portrait psychologique ou moral puisqu'Ubu ne possède ni l'un ni l'autre. Il est un pur symbole, et sa dimension excessive le porte bien vite à incarner « une légende populaire des instincts vils, affamés et immondes » selon Catulle Mendès (écrivain et critique contemporain de Jarry, 1841-1909).

Ubu est totalement scandaleux pour l'époque où il parait. Le tonitruant « Merdre ! » (acte I, scène I) par lequel il ouvre *Ubu roi* l'identifie immédiatement à un être vulgaire et scatologique (ce que confirme le dialogue qui suit avec la mère Ubu). Violent (« De par ma chandelle verte, je te vais arracher les yeux ! », p. 35) et grossier (« Mère Ubu, tu es bien laide aujourd'hui. Est-ce parce que nous avons du monde ? », p. 33), Ubu est d'une bêtise insondable, d'une avarice légendaire et d'une immonde lâcheté. Goinfre et scélérat, prêt à tuer le roi de Pologne, Venceslas, pour « manger fort souvent de l'andouille et rouler carrosse par les rues » (p. 31), Ubu est l'archétype du tyran avide et ridicule. Sa soif de fortune le pousse à en demander toujours plus, jusqu'à ce qu'il ne puisse plus se contrôler. À travers lui, Jarry ridiculise et dénonce l'abus de pouvoir. Il sera alors renversé par les troupes du tsar Alexis, prévenu par le capitaine Bordure. Il réussit toutefois à s'échapper avec la mère Ubu et embarque pour la France.

LA MÈRE UBU

Tout aussi « déréalisée » que son scélérat de mari, la mère Ubu est vêtue d'un improbable « costume de concierge marchande à la toilette », coiffée d'un « bonnet rose ou chapeau à fleurs et plumes » et dotée d'« un cabas ou fi-let » (« Répertoire des costumes », in JARRY A., *Cahiers du collège de Pataphysique*, n° 3-4, 27 octobre 1950). Tout aussi grossière qu'Ubu (ses dialogues sont ponctués de vibrants « Merdre ! », « Vrout » ou « Grosse merdre ! », acte I, scènes I et IV), elle possède un caractère plus machiavélique que son idiot d'époux : c'est elle qui a l'idée du complot contre le roi et qui prodigue d'incessants conseils à Ubu pour conserver le pouvoir acquis avec un acharnement crasse. Elle devance donc Ubu dans sa quête du pouvoir, symbole d'une ambition inhumaine, prête à toutes les traitrises étant donné qu'elle vole son mari à plusieurs reprises. Elle tombera en disgrâce en même temps que lui, alors que son avarice la pousse à chercher les trésors de Pologne. Elle sera retrouvée et poursuivie par Bougrelas et ses partisans, et s'enfuira avec le père Ubu pour échapper à leur punition.

LE CAPITAINE BORDURE

Le capitaine Bordure est l'homme de main du père Ubu. Il n'hésite pas à s'allier avec lui lorsque ce dernier lui confie le projet de meurtre du roi Venceslas : « S'il s'agit de tuer Venceslas, j'en suis. Je suis son mortel ennemi et je réponds de mes hommes. » (acte I, scène VI) En échange de son aide, Ubu lui promet de le nommer duc de Lithuanie. Fidèle et courageux, Bordure l'assiste dans son entreprise, mais Ubu, après s'être installé sur le trône, ne tient pas sa promesse et le jette en prison. Le capitaine est un protagoniste sage, contrairement aux deux personnages principaux de la pièce. En effet, il tente de mettre en garde Ubu : « Prenez garde, Père Ubu. Depuis cinq jours que vous êtes roi, vous avez commis plus de meurtres qu'il n'en faudrait pour damner tous les saints du Paradis. Le sang du roi et des nobles crie vengeance et ses cris seront entendus. » (acte III, scène V) Bordure parviendra à s'échapper et demandera au tsar Alexis de stopper le père Ubu. Il rejoindra alors les troupes russes mais sera tué dans la bataille par son ancien ami.

LE ROI VENCESLAS ET LA REINE ROSEMONDE

Venceslas est le roi de Pologne. Il fait confiance au père Ubu, son conseiller, et le nomme même comte de Sandomir pour le remercier de ses loyaux services, au moment où Ubu complote pour le tuer. Il ne se doutera de rien jusqu'au dernier moment. Son âme apparaitra à son fils dans la caverne pour que celui-ci reprenne le trône.

La reine Rosemonde est la femme de Venceslas. Contrairement à son mari, elle a des doutes sur Ubu, car elle a eu une sombre prémonition :

> « Mais, encore une fois, ne l'ai-je pas vu en songe vous frappant de sa masse d'armes et vous jetant dans la Vistule, et un aigle comme celui qui figure dans les armes de Pologne lui plaçant la couronne sur la tête ? » (acte II, scène I)

Le roi n'écoute pas son avertissement et se fait tuer à la revue avec ses fils. La reine s'enfuit alors et meurt de chagrin et d'épuisement devant Bougrelas. Son âme lui apparaitra peu de temps après.

LE PRINCE BOUGRELAS

Bougrelas est l'un des fils du roi Venceslas et de la reine Rosemonde. Âgé de 14 ans, il est impertinent avec le père Ubu au début de la pièce (« Est-il bête, ce Père Ubu. », acte I, scène VI), ce qui lui sauve la vie : il n'assiste pas à la revue où Ubu et ses partisans projettent de massacrer la famille royale. Très courageux, il essaie de tenir tête à Ubu et à ses complices, en vain. Il se réfugie dans une caverne avec sa mère qu'il voit mourir. Désespéré, c'est en voyant apparaitre les âmes de ses ancêtres qu'il reprend espoir : elles lui donnent une épée et lui demandent de venger leur famille. Il retourne alors au royaume pour rétablir l'ordre. Grâce à son courage et à sa maturité, il parvient à rallier le peuple et poursuit la mère Ubu. Malgré son jeune âge, sa détermination terrifie le père Ubu qui fait des cauchemars dans lesquels Bougrelas l'assassine. Il ne parviendra pas à capturer les deux traitres, mais il sera couronné et règnera sur la Pologne.

CLÉS DE LECTURE

L'ANTITHÉÂTRE

Au sujet d'*Ubu roi*, Jarry a écrit qu'« il fallait que la pièce ne pût aller jusqu'au bout et que le théâtre éclatât » (RÉMOND G., « Souvenirs sur Jarry et quelques autres », in *Mercure de France*, n° 1100, 1ᵉʳ avril 1955, p. 664-668). *Ubu roi* est publié en cette fin de siècle bousculée par l'émergence d'avant-gardes (des idées et des formes d'expression en rupture avec l'idéologie et l'esthétique dominantes) de plus en plus radicales qui conspuent la société bourgeoise et ses valeurs conservatrices et matérialistes. Elle peut être lue comme le manifeste d'un antithéâtre provocateur que les formes modernes du XXᵉ siècle – de Beckett (écrivain irlandais, 1906-1980) à Ionesco (auteur dramatique roumain et français, 1912-1994) en passant par Adamov (auteur dramatique français, 1908-1970) – ne cesseront de prolonger en incongruités et non-sens flamboyants.

Avec cette pièce, Jarry récuse toute prétention réaliste ; il n'est d'ailleurs pas étonnant que la pièce ait été d'abord créée pour un théâtre de marionnettes. Mais même en chair et en os, le corps de l'acteur est réduit à un pantin dérisoire et caricatural. Quant aux décors, ils sont inexistants : lors des premières représentations, leur changement était marqué par des acteurs qui passaient sur scène avec de simples panneaux nommant le lieu, du type « La cour du roi » (acte II, scène VII) ou « Une caverne en Lithuanie » (acte IV, scène V). Lors dé la première représentation, les personnages portaient des masques « en poire triangulaire qui obturait

[leur] nez » (RÉMOND G., « La bataille d'*Ubu roi* », in Jarry A., *Ubu roi*, Paris, Gallimard, coll. « Folio classique », 2011, p. 179), ce qui déformait leur élocution et rendait leur voix nasillarde au possible, accentuant ainsi la déshumanisation voulue par Jarry.

Toute vraisemblance narrative et psychologique est également abolie par la rapidité à laquelle s'enchainent les évènements. Après le massacre de son mari Venceslas, la reine Rosemonde s'écrie qu'elle n'en a « plus que pour deux heures à vivre » (p. 59) et meurt aussitôt. De même, le capitaine Bordure, à qui Ubu présente le plan de sa conspiration, se rallie immédiatement au complot.

La vraisemblance historique est, elle aussi, fortement malmenée par la construction d'une Pologne inventée, mêlant références vérifiables et indications fantaisistes. Ainsi, si des rois Boleslas et Ladislas ont effectivement régné en Pologne du xe au xiie siècle, et si Sandomir est une authentique ville de Pologne (Sandomierz), Venceslas est par contre un nom de roi bohémien et non polonais, tout comme l'Aigle rouge est une décoration prussienne et non polonaise. Pour Jarry, il n'était « pas honorable de construire des pièces historiques » (« Programme d'*Ubu roi* », cité dans Jarry A., *Ubu roi*, p. 185), ce que contredisent cependant ces références à des personnages historiques réels. Des indications spatiotemporelles confuses côtoient un cadre géographique ambigu : lors de la première représentation de la pièce en décembre 1896, Jarry parait devant le rideau avant que les trois coups ne soient frappés et clôt une inintelligible allocution par cette étrange phrase : « Quant à l'action qui va commencer, elle se passe en Pologne, c'est-à-dire Nulle Part. »

Entrent ensuite des protagonistes incongrus tels qu'un ours, un « cheval à phynances » et une « machine à décerveler » (liste des personnages). Jarry conserve donc les éléments essentiels du théâtre traditionnel puisqu'il montre sur scène une histoire, avec des personnages qui évoluent autour de cette intrigue, mais il les renverse en un sublime contrepied (l'histoire est absurde, et les personnages sont dépersonnalisés et non-conventionnels, comme le cheval à phynances). De la même façon, il ne respecte pas la règle théâtrale des trois unités : s'il y a bien une unité d'action, il n'y a pas d'unité de temps (l'action se déroule sur plusieurs semaines) et de lieu (on passe de la demeure des Ubu au palais du roi, puis dans une caverne de Lithuanie, etc.) Enfin, il ne situe pas véritablement sa pièce. Le parcours des Ubu (qui fomentent des complots et des meurtres, mais qui courent à leur perte) tout comme le langage châtié qu'ils utilisent parfois tiennent de la tragédie, mais la tournure comique et absurde ainsi que le langage grossier tiennent de la comédie. Cela s'explique dans le fait qu'*Ubu roi* est en réalité une parodie de tragédie.

LA PARODIE DE SHAKESPEARE

Le théâtre de Jarry se fait aussi parodie. Il ne se cache pas, en effet, de reprendre Shakespeare (dramaturge anglais, 1564-1616), puisque l'auteur l'évoque dès la pseudo-citation liminaire, dans un semblant d'ancien français qui rappelle Rabelais (écrivain français, 1494-1553) : « Adonc le Père Ubu hoscha la poire, dont fut depuis nommé par les Anglois

Shakespeare, et avez de lui sous ce nom maintes belles tra-
goedies par escript. » Il nomme deux fois Shakespeare grâce
au jeu de mot sur « hocher la poire », en anglais « *to shake
the pear* ». *Ubu roi* reprend en effet la trame de la célèbre
pièce de Shakespeare, *Macbeth*.

MACBETH DE SHAKESPEARE

Macbeth est l'une des pièces les plus célèbres de
Shakespeare mais aussi sa plus courte.

Elle se déroule dans l'Écosse médiévale. Macbeth, un
général au service de Duncan, le roi d'Écosse, rencontre
trois sorcières qui lui font une prophétie : il deviendra
duc de Cawdor avant d'être sacré roi. Peu de temps
après, on l'informe que, pour le remercier de sa dévo-
tion, le roi le nomme effectivement duc de Cawdor : la
première prophétie est réalisée. L'épouse de Macbeth
le convainc alors d'assassiner le roi pour prendre le
pouvoir.

Le règne de Macbeth est marqué par les crimes, l'injustice et la peur. Les deux époux sont rongés par la culpa-
bilité et la paranoïa et voient des apparitions fantomatiques. Ils sombrent peu à peu dans la folie, pendant
qu'à l'extérieur la révolte gronde. Lady Macbeth meurt,
et le roi Macbeth sera assassiné dans son château.
Malcolm, le fils de Duncan, revient dans le royaume et
est couronné.

Jarry reprend les trois temps forts de la pièce du dramaturge anglais :

- l'homme poussé par son épouse au régicide afin d'accéder au trône ;
- son règne tyrannique et criminel ;
- le retour du prétendant légitime sur le trône.

Il reprend également les personnages :

- Ubu est le Macbeth criminel dévoré par l'ambition ;
- Bougrelas est le prince exilé ;
- la mère Ubu est la manipulatrice Lady Macbeth, etc.

Les âmes des défunts qui apparaissent à Bougrelas font aussi écho aux apparitions fantomatiques des victimes de Macbeth, bien que la référence à *Hamlet* (1603) soit encore plus probable. Dans cette pièce de Shakespeare, le roi du Danemark est mort et réapparait en tant que fantôme à son fils Hamlet. Il lui révèle qu'il a été assassiné par son frère et que son fils doit le venger. De la même façon, Bougrelas voit les âmes de ses ancêtres, dont celle de son père, entrer dans la caverne pour lui annoncer qu'il doit venger la mort du roi.

Mais la ressemblance avec Shakespeare s'arrête ici. En effet, Jarry exploite de façon parodique la pièce de *Macbeth*. Si les personnages de Shakespeare conservent leur dignité et font preuve d'une certaine grandeur (même dans leurs pires actions), les personnages principaux de Jarry sont grossiers et pathétiques : on ne peut pas les prendre au sérieux.

Ainsi, Ubu ne partage avec Macbeth ni ses obsessions, ni ses remords, ni les apparitions fantomatiques de ceux qu'il a tués. À l'inverse, la soif de pouvoir qui caractérise aussi le héros anglais est à son paroxysme chez Ubu, au point qu'il en est ridicule. La grandeur maléfique de Macbeth est rabaissée chez Ubu en faveur de son caractère trivial, d'où la multiplication de scènes banales chez Jarry, comme les diners ou bien les dialogues grossiers. Ubu porte d'ailleurs un balai à la place d'un sceptre, et un « croc à merdre » (acte III, scène VIII) à la place d'une épée.

De la même façon, la mère Ubu ne connait pas les tourments intérieurs de Lady Macbeth. Elle est vulgaire et hargneuse : si l'épouse anglaise reste la complice de son mari jusqu'à sa mort, la mère Ubu, quant à elle, ne connait pas la loyauté et n'hésite pas à voler son mari.

Enfin, la solution du conflit est sensiblement différente chez Jarry. Même si, comme Shakespeare, les forces maléfiques échouent pour l'auteur français, Ubu n'est pourtant ni puni ni tué. À la fin de la pièce, il s'enfuit simplement avec sa femme vers la France : on a donc, chez Jarry, une certaine persistance du mal, renforcée par la chanson finale, annonciatrice des malheurs à venir. La pièce s'éloigne de tout jugement moral.

LE GROTESQUE ET L'HÉRITAGE DE RABELAIS

Désignant à l'origine des fresques murales représentant des figures caricaturales nées en Italie au milieu du XVe siècle, le terme « grotesque » désigne toute œuvre cultivant « l'irrationnel, le fantastique, le caricatural, le bizarre et l'irrégulier » (*Larousse*). Disharmonieuse et déraisonnable, l'œuvre grotesque oscille entre le rire et la peur. Son versant carnavalesque médiéval l'impose dans sa dimension satirique et libératrice : le grotesque se fonde sur l'inversion joyeuse et débridée des hiérarchies et des conventions qui gouvernent habituellement le monde. Plus tard, au xixᵉ siècle, les romantiques donneront une vision plus sombre du grotesque, quand le masque et la caricature révèleront paradoxalement la vérité intime de l'homme, provoquant ainsi non plus le rire mais la répulsion.

Dans l'univers très symbolique de la pièce de Jarry, la « gidouille » d'Ubu centre l'œuvre sur le ventre, qui devient une métaphore du désir, de la chair et de la sexualité. La trivialité des personnages et de leurs objectifs (le complot pour la prise de pouvoir n'est finalement motivé que par la promesse d'or et de nourriture) rappelle Rabelais, qui explore dans toute son œuvre le ressort comique de la trivialité (Gargantua, par exemple, est reconnu pour son appétit féroce). Le « Jambedieu » d'Ubu évoque d'ailleurs la « jambe de Dieu » du *Quart Livre* (1552). Le grotesque provient ainsi du décalage qui existe entre la fonction sociale des personnages (Ubu est roi) et leur prosaïsme vulgaire :

- dans leur apparence : les costumes ridicules des Ubs n'ont rien de royal ;
- dans leur langage : les « Merdre ! » sont redoublés de « Bougre de merdre, merdre de bougre » et de jurons jubilatoires comme « Ventrebleu » (acte, I, scène I), « Cornegidouille » (acte III, scène III) ou « Jarnicotonbleu » (acte I, scène IV) ;
- dans leur attitude, principalement basée sur la scélératesse, la fourberie ainsi que sur la brutalité.

François Rabelais

Né entre 1483 et 1494 et mort en 1553, à la charnière entre la fin du Moyen Âge et le début de la Renaissance, François Rabelais est un homme d'Église, médecin et écrivain. Père du roman moderne français (il écrit en français, non plus en latin), Rabelais mêle dans ses œuvres, de *Pantagruel* (1532) à *Gargantua* (1534) jusqu'au *Cinquième Livre* (1564), l'héritage de la littérature populaire médiévale à une formidable liberté d'esprit et de ton, dans une visée profondément humaniste. Scatologiques, grossiers, excessifs et démesurés, ses personnages provoquent un rire salvateur face à la bêtise humaine et à toutes les conventions intolérables dont ils démontrent l'inanité, la rigidité et l'inhumanité. Malgré la censure, l'œuvre parodique et critique de Rabelais fut célèbre dès son vivant.

À ce jeu jubilatoire de recréation du langage, Jarry mêle des néologismes évocateurs (le « merdre » ou la « gidouille » déjà cités, les « oneilles » (acte III, scène iii), la « pôche » (acte IV, scène iv) ou la « giborgne » (acte V, scène i), des archaïsmes soutenus (« vous estes », l'adverbe « fort », « estafiers », acte I, scène i), une version très personnelle du latin et des termes familiers ou courants (« coupe-choux », « andouille », *ibid.*). Ce mélange des genres et des registres de langage provoque un effet de décalage syntaxique qui ridiculise le beau style. À cause de son aspect grotesque, la pièce de Jarry a beaucoup choqué lors de sa sortie, et a connu assez peu de représentations.

Dans les *Gestes et opinions du Docteur Faustroll, pataphysicien* (1911), Alfred Jarry décrit une bibliothèque idéale, composée de vingt-sept ouvrages qu'il nomme mystérieusement des « livres pairs ». Dans cette liste, on trouve différents ouvrages, une façon de dessiner l'autoportrait spirituel et esthétique de l'auteur, tout en confirmant la place centrale qu'occupe le créateur de Gargantua, contempteur de l'ordre et des conventions rassies chez Jarry :

- des œuvres canoniques du symbolisme : Poe (écrivain américain, 1809-1849) traduit par Baudelaire (poète français, 1821-1867), Mallarmé (poète français, 1842-1898), Verlaine (poète français, 1844-1896) ;
- des titres des amis de Jarry et des piliers des revues de l'époque : Bloy (écrivain français, 1846-1917), Kahn (poète et romancier français, 1859-1936), Rachilde (femme de lettres française, 1860-1953) ;
- des contes : *Les Mille et Une Nuits* ;
- des textes hors catégorie (L'évangile de Luc, *Les Chants de Maldoror* (1869) de Lautréamont (poète français, 1846-1870) ;
- l'œuvre intégrale de Rabelais.

UNE ŒUVRE ORIGINALE ?

La plupart de ses contemporains pensaient que Jarry était l'unique auteur d'*Ubu roi* (ce que, par ailleurs, Jarry lui-même ne se privait pas d'affirmer, contredisant une vérité historique établie). Or *Le Manuscrit des Polonais* (1885-1887), la version primitive d'*Ubu roi*, était en effet dû à Charles et Henri Morin, deux camarades de Jarry à Rennes. Ce manuscrit est malheureusement perdu : on ne peut donc effectuer d'étude comparative. La description qu'en fournit Charles Morin à Charles Chassé (écrivain et biographe français, 1883-1965) donne cependant l'image d'un texte court, qui ne peut donc vraisemblablement contenir tout *Ubu roi*. Par conséquent, Jarry aurait retravaillé cette version initiale pour en proposer une nouvelle formulation (dont découlent les premières représentations), avant de la remanier plus profondément en une version définitive qu'on connait aujourd'hui.

Si le personnage d'Ubu est un emprunt, Jarry est-il pour autant un non-écrivain ? Le reste de son œuvre le dément, du symbolisme des *Minutes de sable mémorial* (1894) à la puissance romanesque du *Surmâle*, jusqu'aux posthumes et abracadabrantesques *Gestes et opinions du Docteur Faustroll, pataphysicien*. La généalogie d'Ubu remet pourtant fondamentalement en cause la notion d'auteur, et celle de propriété littéraire. Avec Jarry, la signature crée l'œuvre, concept que le mouvement Dada et Marcel Duchamp (peintre et écrivain français, 1887-1968) porteront à son apogée au XXe siècle.

UNE PIÈCE À MESSAGE ?

Jarry semble utiliser le genre du grotesque pour dénoncer les abus de pouvoir. En effet, il montre un tyran ridicule et grossier, mais aussi traitre (il tue son ami Bordure), violent (même sa femme n'arrive pas à tempérer ses éclats de rage) et avide d'argent (il vole les citoyens). Le comique peut donc servir, ici, à dénoncer le pouvoir autoritaire, comme celui de la monarchie absolue. Jarry nous livre donc la caricature d'un antihéros aveuglé par la bêtise et la démesure.

Il ne faut cependant pas voir cette œuvre comme une pièce à thèse. Ubu n'incarne aucune classe sociale, il n'est le porte-parole d'aucune idéologie : à travers lui, Jarry dénonce aussi, et peut-être surtout, les vices des hommes (la bêtise et la cupidité). Ubu n'a pas véritablement de visage : il peut représenter tout le monde et évolue d'ailleurs dans un non-décor lors des premières représentations de la pièce. Il peut donc incarner une classe sociale mais aussi l'humanité tout entière.

PISTES DE RÉFLEXION

QUELQUES QUESTIONS POUR APPROFONDIR SA RÉFLEXION...

- Au regard de la vie et de l'œuvre d'Alfred Jarry, commentez cette citation de l'écrivain et théoricien du théâtre Antonin Artaud (1896-1948) : « Le poète est acceptable seulement après sa mort, peut-être cent ans après, quand les explosifs astringents du cœur du poète ont eu le temps de se calmer. Tant qu'il est vivant, ils sont trop puissants. »
- La réécriture peut-elle être une authentique pratique de création ?
- De quelle façon Jarry se réapproprie-t-il *Macbeth* ? Justifiez votre réponse.
- Dans le théâtre conventionnel, la première scène a pour vocation de poser la situation. Qu'en est-il ici ? Que nous apprend la première scène ? En quoi la scène finale de la pièce perturbe-t-elle les conventions du genre ?
- Quelle vision du pouvoir cette phrase d'Ubu donne-t-elle : « J'ai changé le gouvernement et j'ai fait mettre dans le journal qu'on paierait deux fois tous les impôts et trois fois ceux qui pourront être désignés ultérieurement. Avec ce système j'aurai vite fait fortune, alors je tuerai tout le monde et je m'en irai. » (acte III, scène IV) ?
- En quoi la farce peut-elle servir la dénonciation ?
- La pièce de Jarry était, au départ, destinée à être jouée dans un théâtre de marionnettes. Quel rapport peut-on faire entre l'histoire *d'Ubu Roi* et un spectacle de guignols ?

- Jarry écrivait dans la brochure programme de la pièce :
  « Monsieur Ubu est un être ignoble, ce pour quoi il nous
  ressemble (par en bas) à tous. » Que dit Ubu de la condition humaine ?
- Quelle lecture psychanalytique peut-on faire de la pièce ?
- Aucune des grandes dictatures du XXe siècle n'a échappé
  au qualificatif d'« ubuesque ». Que nous dit Ubu du pouvoir aujourd'hui ?

Votre avis nous intéresse !
Laissez un commentaire sur le site de votre librairie en ligne
et partagez vos coups de cœur sur les réseaux sociaux !

POUR ALLER PLUS LOIN

ÉDITION DE RÉFÉRENCE

- Alfred J., *Ubu roi*, Paris, Gallimard, coll. « Folio classique », 2011.

ÉTUDES DE RÉFÉRENCE

- Beauchamp H., « *Ubu Roi*, ou Macbeth-Guignol : un retournement fondateur de la parodie dramatique moderne », in Dousteyssier-Khoze C. et Place-Verghnes F. (dir.), *Poétiques de la parodie et du pastiche de 1850 à nos jours*, Berne, Peter Lang, coll. « Modern French Identities », 2006, p. 203-223.
- Gendrat A., *Ubu roi – Alfred Jarry*, Paris, Bréal, coll. « Connaissance d'une œuvre », 2000.
- Jarry A., *Œuvres complètes*, Gallimard, coll. Pléiade, Tome I, 1972, p. 412.
- « Le répertoire des costumes », in Jarry A., *Les Cahiers du collège de Pataphysique*, n° 3-4, 27 octobre 1950.
- Mantcheva D., « Le contexte shakespearien dans trois pièces avant-gardistes françaises », in *Cycnos*, vol. 12, n° 1, consulté le 12 décembre 2016.
- « Programme d'*Ubu roi* de la première représentation », le 10 décembre 1896.
- Rémond G., « La Bataille d'*Ubu roi* », in Jarry A., *Ubu roi*, Paris, Gallimard, coll. « Folio classique », 2011.
- Rémond G., « Souvenirs sur Jarry et quelques autres », in *Mercure de France*, n° 1100, 1er avril 1955.

Retrouvez notre offre complète sur lePetitLittéraire.fr

- des fiches de lectures
- des commentaires littéraires
- des questionnaires de lecture
- des résumés

ANOUILH
- Antigone

AUSTEN
- Orgueil et
  Préjugés

BALZAC
- Eugénie Grandet
- Le Père Goriot
- Illusions perdues

BARJAVEL
- La Nuit des
  temps

BEAUMARCHAIS
- Le Mariage
  de Figaro

BECKETT
- En attendant
  Godot

BRETON
- Nadja

CAMUS
- La Peste
- Les Justes
- L'Étranger

CARRÈRE
- Limonov

CÉLINE
- Voyage au bout
  de la nuit

CERVANTÈS
- Don Quichotte
  de la Manche

CHATEAUBRIAND
- Mémoires
  d'outre-tombe

**CHODERLOS
DE LACLOS**
- Les Liaisons
  dangereuses

CHRÉTIEN DE TROYES
- Yvain ou le
  Chevalier au lion

CHRISTIE
- Dix Petits Nègres

CLAUDEL
- La Petite Fille de
  Monsieur Linh
- Le Rapport
  de Brodeck

COELHO
- L'Alchimiste

CONAN DOYLE
- Le Chien des
  Baskerville

DAI SIJIE
- Balzac et la
  Petite
  Tailleuse chinoise

DE GAULLE
- Mémoires
  de guerre
  III. Le Salut.
  1944-1946

DE VIGAN
- No et moi

DICKER
- La Vérité sur
  l'affaire Harry
  Quebert

DIDEROT
- Supplément
  au Voyage de
  Bougainville

DUMAS
• Les Trois
  Mousquetaires

ÉNARD
• Parlez-leur
  de batailles,
  de rois et
  d'éléphants

FERRARI
• Le Sermon sur la
  chute de Rome

FLAUBERT
• Madame Bovary

FRANK
• Journal
  d'Anne Frank

FRED VARGAS
• Pars vite et
  reviens tard

GARY
• La Vie devant soi

GAUDÉ
• La Mort du
  roi Tsongor
• Le Soleil des
  Scorta

GAUTIER
• La Morte
  amoureuse
• Le Capitaine
  Fracasse

GAVALDA
• 35 kilos d'espoir

GIDE
• Les
  Faux-Monnayeurs

GIONO
• Le Grand
  Troupeau
• Le Hussard
  sur le toit

GIRAUDOUX
• La guerre de
  Troie
  n'aura pas lieu

GOLDING
• Sa Majesté des
  Mouches

GRIMBERT
• Un secret

HEMINGWAY
• Le Vieil Homme
  et la Mer

HESSEL
• Indignez-vous !

HOMÈRE
• L'Odyssée

HUGO
• Le Dernier Jour
  d'un condamné
• Les Misérables
• Notre-Dame
  de Paris

HUXLEY
• Le Meilleur
  des mondes

IONESCO
• Rhinocéros
• La Cantatrice
  chauve

JARY
• Ubu roi

JENNI
• L'Art français
  de la guerre

JOFFO
• Un sac de billes

KAFKA
• La Métamorphose

KEROUAC
• Sur la route

KESSEL
• Le Lion

LARSSON
• Millenium 1. Les
  hommes qui
  n'aimaient pas
  les femmes

LE CLÉZIO
• Mondo

LEVI
• Si c'est un
  homme

LEVY
• Et si c'était vrai…

MAALOUF
• Léon l'Africain

MALRAUX
- La Condition humaine

MARIVAUX
- La Double Inconstance
- Le Jeu de l'amour et du hasard

MARTINEZ
- Du domaine des murmures

MAUPASSANT
- Boule de suif
- Le Horla
- Une vie

MAURIAC
- Le Nœud de vipères

MAURIAC
- Le Sagouin

MÉRIMÉE
- Tamango
- Colomba

MERLE
- La mort est mon métier

MOLIÈRE
- Le Misanthrope
- L'Avare
- Le Bourgeois gentilhomme

MONTAIGNE
- Essais

MORPURGO
- Le Roi Arthur

MUSSET
- Lorenzaccio

MUSSO
- Que serais-je sans toi ?

NOTHOMB
- Stupeur et Tremblements

ORWELL
- La Ferme des animaux
- 1984

PAGNOL
- La Gloire de mon père

PANCOL
- Les Yeux jaunes des crocodiles

PASCAL
- Pensées

PENNAC
- Au bonheur des ogres

POE
- La Chute de la maison Usher

PROUST
- Du côté de chez Swann

QUENEAU
- Zazie dans le métro

QUIGNARD
- Tous les matins du monde

RABELAIS
- Gargantua

RACINE
- Andromaque
- Britannicus
- Phèdre

ROUSSEAU
- Confessions

ROSTAND
- Cyrano de Bergerac

ROWLING
- Harry Potter à l'école des sorciers

SAINT-EXUPÉRY
- Le Petit Prince
- Vol de nuit

SARTRE
- Huis clos
- La Nausée
- Les Mouches

SCHLINK
- Le Liseur

SCHMITT
- La Part de l'autre
- Oscar et la
  Dame rose

SEPULVEDA
- Le Vieux qui
  lisait des romans
  d'amour

SHAKESPEARE
- Roméo et Juliette

SIMENON
- Le Chien jaune

STEEMAN
- L'Assassin
  habite au 21

STEINBECK
- Des souris et
  des hommes

STENDHAL
- Le Rouge et
  le Noir

STEVENSON
- L'Île au trésor

SÜSKIND
- Le Parfum

TOLSTOÏ
- Anna Karénine

TOURNIER
- Vendredi ou
  la Vie sauvage

TOUSSAINT
- Fuir

UHLMAN
- L'Ami retrouvé

VERNE
- Le Tour
  du monde
  en 80 jours
- Vingt mille
  lieues sous
  les mers
- Voyage au
  centre de
  la terre

VIAN
- L'Écume des jours

VOLTAIRE
- Candide

WELLS
- La Guerre des
  mondes

YOURCENAR
- Mémoires
  d'Hadrien

ZOLA
- Au bonheur
  des dames
- L'Assommoir
- Germinal

ZWEIG
- Le Joueur
  d'échecs

www.lepetitlitteraire.fr

ISBN version numérique : 978-2-8062-9202-5
ISBN version papier : 978-2-8062-9203-2
Dépôt légal : D/2016/12603/924

Avec la collaboration de Pauline Coullet pour la présentation de l'œuvre, l'analyse du capitaine Bordure, du prince Bougrelas, du roi Venceslas et de la reine Rosemonde, ainsi que pour les chapitres « La parodie de Shakespeare » et « Une pièce à message ? ».

Conception numérique : Primento,
le partenaire numérique des éditeurs.

Ce titre a été réalisé avec le soutien de la Fédération Wallonie-Bruxelles, Service général des Lettres et du Livre.